Pablos Stundenplan

	Montag	Dienstag	Mittwoch	Donnerstag	Freitag
1.	Deutsch	Musik	Mathe 2+2=4 4−2=2	Deutsch	Englisch
2.	Mathe 2+2=4 4−2=2	Deutsch	Religion	Mathe 2+2=4 4−2=2	Deutsch
	Pause	Pause	Pause	Pause	Pause
3.	Englisch	Sport	Kunst	Sport	Mathe 2+2=4 4−2=2
4.	Sach-unterricht	Sport	Kunst	Religion	Sach-unterricht

2+2=4
4−2=2
Mathe

AF669884

Stundenplan

Am Montag hat Pablo

☐ Mathe. ☐ Sport. ☐ Musik.

Am Dienstag hat er

☐ Sachunterricht. ☐ Mathe. ☐ Sport.

Am Donnerstag hat er

☐ Deutsch. ☐ Kunst. ☐ Englisch.

Am Mittwoch hat er

☐ Deutsch. ☐ Religion. ☐ Englisch.

Am Freitag hat er

☐ Kunst. ☐ Sachunterricht. ☐ Musik.

Wie viele Stunden hat er am Montag?

☐ drei ☐ vier ☐ fünf ☐ sechs

rechnen

1 + 2 = 3	rechnet	rechnen
8 − 4 = 4	rechnest	rechnet
2 · 3 = 6	~~rechne~~	rechnen
9 : 3 = 3		

ich rechne

du ____

er, sie, es ____

wir ____

ihr ____

sie ____

Ich	lesen	in Sport	ein Buch.
Du	malen	in Mathe	ein Bild.
Lea	singen	in Deutsch	ein Lied.
Ihr	rennen	in Kunst	schnell.
Wir	rechnen	in Musik	mit Zahlen.
Sie (Plural)	essen	in der Pause	ein Brot.

Ich lese in Deutsch ein Buch.

! Mehrere Lösungen sind möglich. Die Verben müssen konjugiert werden.

2025 ← das Jahr

der Monat → März

der Tag → 8 (Mai)

Januar

Mo	Di	Mi	Do	Fr	Sa	So
		1	2	3	4	5
6	7	8	9	10	11	12
13	14	15	16	17	18	19
20	21	22	23	24	25	26
27	28	29	30	31		

Februar

Mo	Di	Mi	Do	Fr	Sa	So
					1	2
3	4	5	6	7	8	9
10	11	12	13	14	15	16
17	18	19	20	21	22	23
24	25	26	27	28		

März

Mo	Di	Mi	Do	Fr	Sa	So
					1	2
3	4	5	6	7	8	9
10	11	12	13	14	15	16
17	18	19	20	21	22	23
24	25	26	27	28	29	30
31						

April

Mo	Di	Mi	Do	Fr	Sa	So
	1	2	3	4	5	6
7	8	9	10	11	12	13
14	15	16	17	18	19	20
21	22	23	24	25	26	27
28	29	30				

Mai

Mo	Di	Mi	Do	Fr	Sa	So
			1	2	3	4
5	6	7	8	9	10	11
12	13	14	15	16	17	18
19	20	21	22	23	24	25
26	27	28	29	30	31	

Juni

Mo	Di	Mi	Do	Fr	Sa	So
						1
2	3	4	5	6	7	8
9	10	11	12	13	14	15
16	17	18	19	20	21	22
23	24	25	26	27	28	29
30						

Juli

Mo	Di	Mi	Do	Fr	Sa	So
	1	2	3	4	5	6
7	8	9	10	11	12	13
14	15	16	17	18	19	20
21	22	23	24	25	26	27
28	29	30	31			

August

Mo	Di	Mi	Do	Fr	Sa	So
				1	2	3
4	5	6	7	8	9	10
11	12	13	14	15	16	17
18	19	20	21	22	23	24
25	26	27	28	29	30	31

September

Mo	Di	Mi	Do	Fr	Sa	So
1	2	3	4	5	6	7
8	9	10	11	12	13	14
15	16	17	18	19	20	21
22	23	24	25	26	27	28
29	30					

Oktober

Mo	Di	Mi	Do	Fr	Sa	So
		1	2	3	4	5
6	7	8	9	10	11	12
13	14	15	16	17	18	19
20	21	22	23	24	25	26
27	28	29	30	31		

November

Mo	Di	Mi	Do	Fr	Sa	So
					1	2
3	4	5	6	7	8	9
10	11	12	13	14	15	16
17	18	19	20	21	22	23
24	25	26	27	28	29	30

Dezember

Mo	Di	Mi	Do	Fr	Sa	So
1	2	3	4	5	6	7
8	9	10	11	12	13	14
15	16	17	18	19	20	21
22	23	24	25	26	27	28
29	30	31				

1. der Januar ______
2. der ______
3. der ______
4. der ______
5. ______
6. ______
7. ______
8. ______
9. ______
10. ______
11. ______
12. ______

1. erste
2. zweite
3. dritte
4. vierte
5. fünfte
6. sechste
7. siebte
8. achte
9. ____
10. ____
11. ____
12. ____
13. ____
14. ____
15. ____
16. ____
17. ____
18. ____
19. ____
20. zwanzigste
21. einundzwanzigste
22. zweiundzwanzigste
23. dreiundzwanzigste
24. vierundzwanzigste
25. fünfundzwanzigste
26. ____
27. ____
28. ____
29. ____
30. ____
31. ____

Januar 2025

Mo	Di	Mi	Do	Fr	Sa	So
		1	2	3	4	5
6	7	8	9	10	11	12
13	14	15	16	17	18	19
20	21	22	23	24	25	26
27	28	29	30	31		

Kalender

Der zweite Monat im Jahr heißt	Mai.
Der vierte Monat im Jahr heißt	Februar.
Der erste Monat im Jahr heißt	Januar.
Der fünfte Monat im Jahr heißt	März.
Der dritte Monat im Jahr heißt	April.
Der siebte Monat im Jahr heißt	Juni.
Der neunte Monat im Jahr heißt	September.
Der sechste Monat im Jahr heißt	August.
Der elfte Monat im Jahr heißt	Juli.
Der zwölfte Monat im Jahr heißt	Dezember.
Der achte Monat im Jahr heißt	November.
Der zehnte Monat im Jahr heißt	Oktober.

Mittwoch, der erste Januar 2025

Samstag, der fünfundzwanzigste Januar 2025

Sonntag, der dreißigste November 2025

Mittwoch, der fünfte Februar 2025

Samstag, der vierundzwanzigste Mai 2025

Donnerstag, der sechste Februar 2025

Sonntag, der elfte Mai 2025

Freitag, der einunddreißigste Oktober 2025

Sonntag, der vierzehnte Dezember 2025

Donnerstag, der achtzehnte September 2025

2025
12.8.
Dienstag

2025
19.8.
Dienstag

Montag, der vierundzwanzigste März 2025

Dienstag, der neunzehnte August 2025

Dienstag, der zwölfte August 2025

Montag, der einunddreißigste März 2025

2025
24.3.
Montag

2025
31.3.
Montag

Welcher Tag ist heute?

2025
11.12.
Donnerstag

Heute ist Donnerstag, der elfte Dezember 2025.

2025
9.6.
Montag

____

2025
15.4.
Dienstag

____

2025
20.7.
Sonntag

____

Ein Jahr hat zwölf ______ Monate. Eine Woche hat ______ Tage. Ein Tag hat vierundzwanzig ______. Der dritte Monat im Jahr ist der ______, und August ist der ______ Monat im Jahr. Sieben Monate haben einunddreißig Tage und vier Monate haben dreißig Tage. Der erste Monat im Jahr mit einunddreißig Tagen ist der Monat ______. Der Monat Februar hat nur achtundzwanzig Tage. Alle vier Jahre hat der Februar neunundzwanzig ______. Das Jahr heißt Schaltjahr. Der erste Monat im Jahr mit dreißig Tagen ist der Monat ______. Wie viele Tage hat der Monat Mai? Er hat ______ Tage. Der letzte und zwölfte Monat im Jahr ist der ______. Im Juni, ______ und August ist es in Deutschland oft heiß. Im Dezember, Januar und Februar ist es oft ______.

~~zwölf~~ April sieben achte kalt Tage Stunden
einunddreißig Dezember Juli März Januar

Kalender

die Jahreszeit

der Sommer

der Frühling

der Herbst

der Winter

der Schmetterling

der Schlitten

der See

das Blatt

der Hase

der Frühling

Frühling

der März

Sommer

der Dezember

der Juni

der Januar

~~der März~~

der November

der April

der Februar

der Juli

der Oktober

der Mai

der September

der August

Herbst

Winter

Jahres-
zeiten: der Frühling,

der ______ die ______ e

______ die ______ e

______ die ______ e

______ die ______ n

______ die ______ n

Frühling
Sommer
Herbst
Winter
______ vier ______ en

______ die ______ a→ä er

______ die ______ =

______ die ______ =

______ die ______ =

Der Monat April ist im Frühling.
☐ ja ☐ nein

Juli ist der siebte Monat im Jahr.
☐ ja ☐ nein

Im Sommer fahre ich mit dem Schlitten.
☐ ja ☐ nein

Der Monat August ist im Winter.
☐ ja ☐ nein

Januar ist der dritte Monat im Jahr.
☐ ja ☐ nein

Im Sommer springe ich in den See.
☐ ja ☐ nein

Der Monat Mai ist im Herbst.
☐ ja ☐ nein

Februar ist der zweite Monat im Jahr.
☐ ja ☐ nein

Im Winter ist es in Deutschland oft heiß.
☐ ja ☐ nein

Der Monat März ist im Sommer.
☐ ja ☐ nein

Der Oktober hat einunddreißig Tage.
☐ ja ☐ nein

Im Herbst sind viele Blätter braun.
☐ ja ☐ nein

Der Monat Dezember ist im Winter.
☐ ja ☐ nein

Der April hat dreißig Tage.
☐ ja ☐ nein

Im Frühling sind viele Blumen im Garten.
☐ ja ☐ nein

Im Winter fahren	ich Gitarre und singe ein Lied.
Im Sommer schwimmen	wir mit dem Schlitten im Schnee.
Im Frühling spiele	Carlo und Elif glücklich im See.
Im Herbst kauft	du ein lustiges Buch im Bett.
Im Sommer fliegt	Mama einen großen Kürbis.
Im Winter liest	die Bäume gelbe und rote Blätter.
Im Herbst haben	ein brauner Hase durch den Garten.
Im Frühling rennt	ihr zu Oma und Opa in die Türkei.

Ich	trinken	im Winter	Geburtstag.
Du	spielen	im Sommer	Fußball.
Erik	haben	im Sommer	Tee mit Zitrone.
Wir	essen	im Herbst	ein Bild mit vielen Farben.
Ihr	fahren	im Herbst	mit dem Roller.
Sie (Plural)	malen	im Frühling	leckere Äpfel und Birnen.

Ich

! Mehrere Lösungen sind möglich. Die Verben müssen konjugiert werden.

der

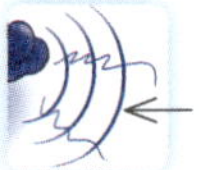

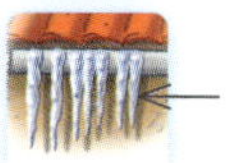

das Gewitter

der Blitz

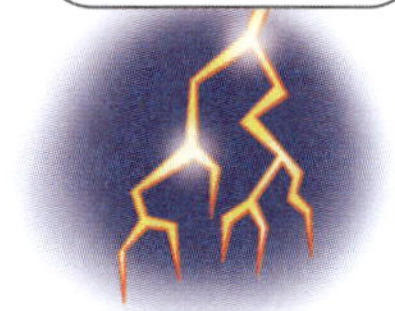

der Donner

die Sonne

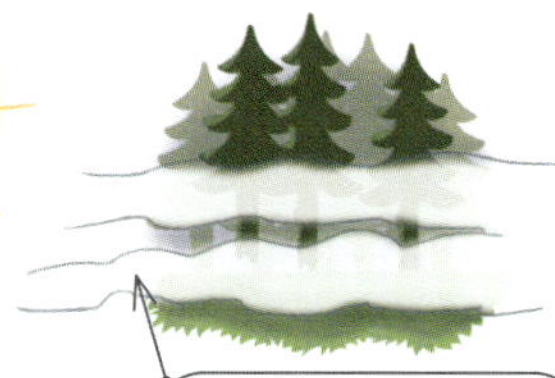

die Wolke

der Nebel

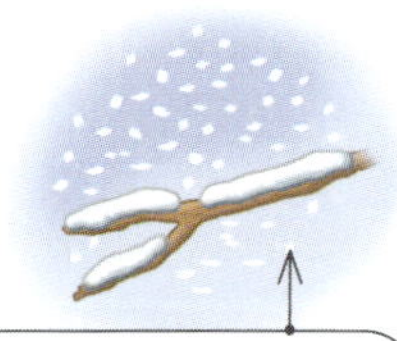

der Wind

der Schnee

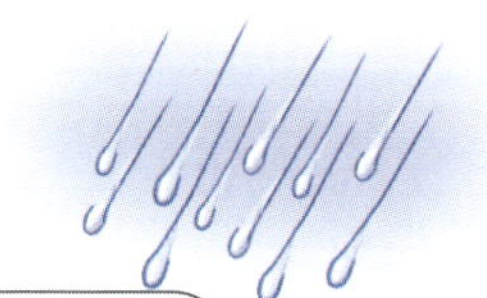

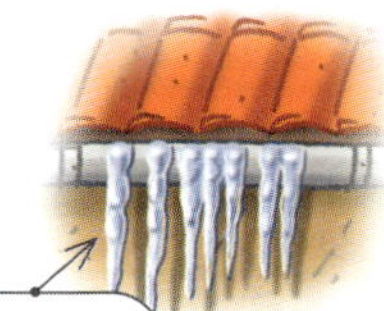

der Regen

das Eis

Die Sonne ist heiß.

☒ richtig ☐ falsch

Regen schmeckt scharf.

☐ richtig ☒ falsch

Eis ist kalt.

☐ richtig ☐ falsch

Nebel kostet achtundzwanzig Euro.

☐ richtig ☐ falsch

Gewitter haben Blitze und Donner.

☐ richtig ☐ falsch

Der Wind hat heute Geburtstag.

☐ richtig ☐ falsch

Schmetterlinge fliegen auf Blumen.

☐ richtig ☐ falsch

Zwei Hasen haben fünf Nasen.

☐ richtig ☐ falsch

Wolken wohnen im Keller.

☐ richtig ☐ falsch

Der Donner kommt am Donnerstag.

☐ richtig ☐ falsch

Ein Tag hat vierundzwanzig Stunden.

☐ richtig ☐ falsch

Donner hörst du.

☐ richtig ☐ falsch

Schmetterlinge fahren Schlitten.

☐ richtig ☐ falsch

Wolken sind grün, rot und braun.

☐ richtig ☐ falsch

Schnee ist weiß.

☐ richtig ☐ falsch

- ☐ der Blitz
- ☐ die Sonne

- ☐ der Regen
- ☐ der Schnee

- ☐ das Eis
- ☐ der Regen

- ☐ der Donner
- ☐ die Wolke

- ☐ der Nebel
- ☐ der Wind

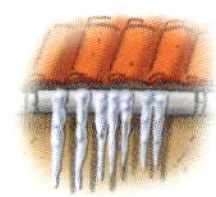

- ☐ das Gewitter
- ☐ das Eis

 ______________________ die ______________________ e

 ______________________ die ______________________ e

 ______________________ die ______________________ n

 ______________________ die ______________________ n

 ______________________ die ______________________ =

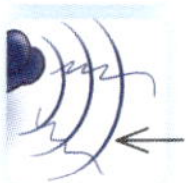 ______________________ die ______________________ =

 ______________________ die ______________________ =

	das Eis	windig
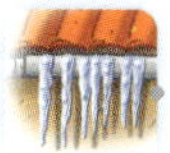	der Wind	sonnig
	die Sonne	nebelig
	der Nebel	eisig
	die Wolke	wolkig
	der Regen	es gewittert
	das Gewitter	es regnet
	der Donner	es blitzt
	der Blitz	es donnert
	der Schnee	es schneit

Wie ist das Wetter heute?

 Es ist sonnig.

 Es gewittert.

- ☐ sonnig
- ☐ nebelig
- ☐ wolkig

- ☐ es regnet
- ☐ es gewittert
- ☐ windig

- ☐ eisig
- ☐ es gewittert
- ☐ wolkig

- ☐ es schneit
- ☐ es blitzt
- ☐ es regnet

- ☐ windig
- ☐ sonnig
- ☐ nebelig

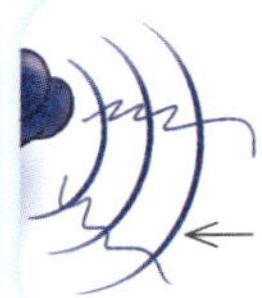
- ☐ sonnig
- ☐ es donnert
- ☐ es schneit

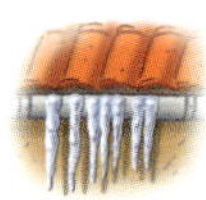
- ☐ eisig
- ☐ wolkig
- ☐ windig

- ☐ es regnet
- ☐ es blitzt
- ☐ es donnert

- ☐ nebelig
- ☐ es gewittert
- ☐ eisig

- ☐ es donnert
- ☐ es schneit
- ☐ es blitzt

Isa und Leo	singen	im Regen	ein lustiges Lied.
Wir	mögen	in der Nacht	einen Donner.
Anton	fahren	in der Sonne	kein Gewitter.
Du	hören	im Schnee	ein leckeres Eis.
Blätter	essen	im Wind	mit dem Schlitten.
Ich	fliegen	im Garten	von den Bäumen.

! Mehrere Lösungen sind möglich. Die Verben müssen konjugiert werden.

 Sonnen + Schirm 

der Sonnenschirm 

 Sonnen + Blume 

 Regen + Wolke 

die 

 Gewitter + Wolke 

 Zitronen + Eis 

das 

 Sonnen + Brille 

 Wind + Rad 

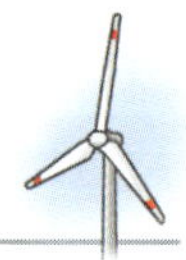

 Schnee + Ball 

 Schlitten + Hund 

 Regen + Hose 

das Krankenhaus

die Polizei

die Schule

der Bahnhof

der Friseur

die Post

die Eisdiele

der Spielplatz

die Straße

der Gehweg

Stadt

	____________	die ____________	au → äu er
	____________	die ____________	a → ä e
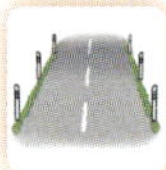	____________	die ____________	n
	____________	die ____________	n
	____________	die ____________	n
	____________	die ____________	e
	____________	die ____________	e
	____________	die ____________	o → ö e
	____________		ohne Plural
	____________		ohne Plural

gegenüber

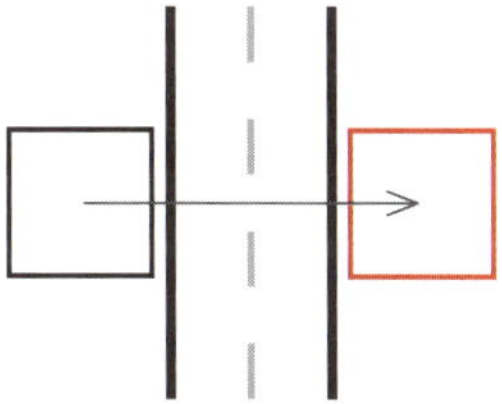

neben

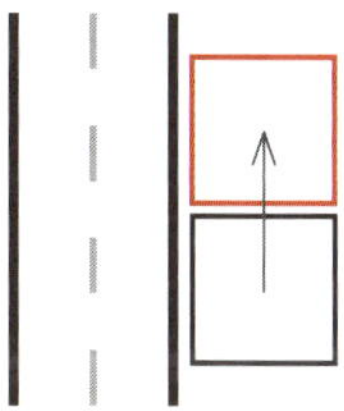

zwischen

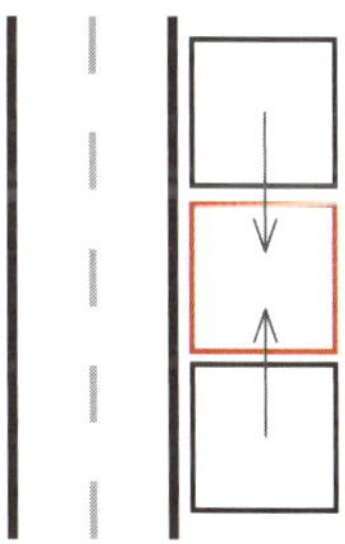

Der Spielplatz ist neben der Schule.

☐ ja ☐ nein

Der Friseur ist gegenüber dem Krankenhaus.

☐ ja ☐ nein

Der Bahnhof ist zwischen der Polizei und der Post.

☐ ja ☐ nein

Die Eisdiele ist neben dem Bahnhof.

☐ ja ☐ nein

Der Spielplatz ist gegenüber dem Friseur.

☐ ja ☐ nein

Die Polizei ist

gegenüber

der Schule.

Das Krankenhaus ist

____

der Post.

Der Spielplatz ist

____

der Schule und der Eisdiele.

Das Krankenhaus ist

____

dem Friseur.

Der Bahnhof ist

____

der Post und der Polizei.

Der Spielplatz ist

____

der Eisdiele.

Die Schule ist

____

der Polizei.

Die Schule ist

____

dem Spielplatz.

Der Spielplatz ist

____

dem Bahnhof.

Der Friseur ist

____

der Eisdiele.

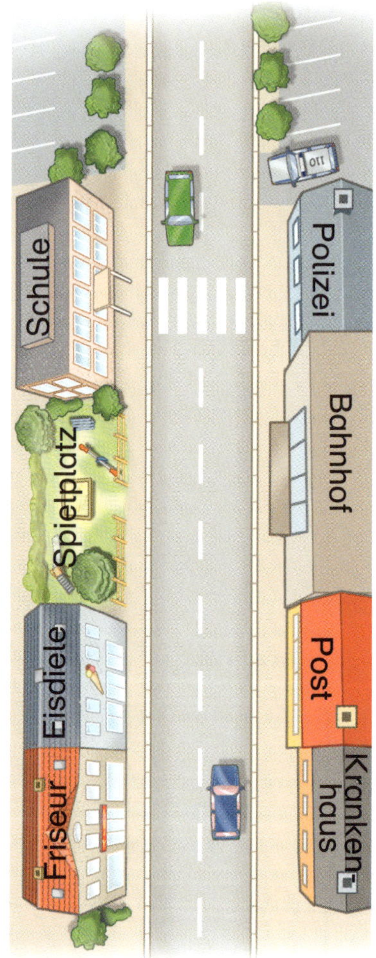

Dativ	
	aus der wird dem
	aus die wird der
	aus das wird dem
	aus die wird den

Wo ist ...?

Die Schule ist neben dem Spielplatz. Die Eisdiele ist gegenüber der Post. Die Post ist neben dem Krankenhaus. Das Krankenhaus ist gegenüber ______ Friseur. Der Friseur ist neben ______ Eisdiele. Die Eisdiele ist zwischen ______ Friseur und ______ Spielplatz. Der Spielplatz ist neben ______ Schule. Die Schule ist gegenüber ______ Polizei. Der Bahnhof ist zwischen ______ Polizei und ______ Post. Die Post ist neben ______ Bahnhof. Der Bahnhof ist gegenüber ______ Spielplatz. Der Spielplatz ist zwischen ______ Schule und ______ Eisdiele. Die Eisdiele ist neben ______ Friseur. Der Friseur ist gegenüber ______ Krankenhaus. Das Krankenhaus ist neben ______ Post. Die Post ist zwischen ______ Krankenhaus und ______ Bahnhof. Die Straße ist zwischen ______ Gehwegen.

Dativ

Wo ist ...?

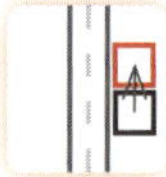

Die Polizei ist neben dem Bahnhof.

Der Spielplatz ____________________

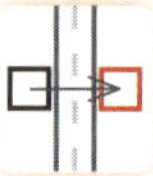

Der Friseur ____________________

Das Krankenhaus ____________________

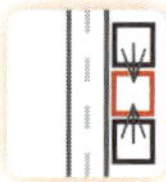

Der Bahnhof ____________________

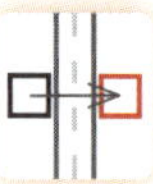

Der Spielplatz ____________________

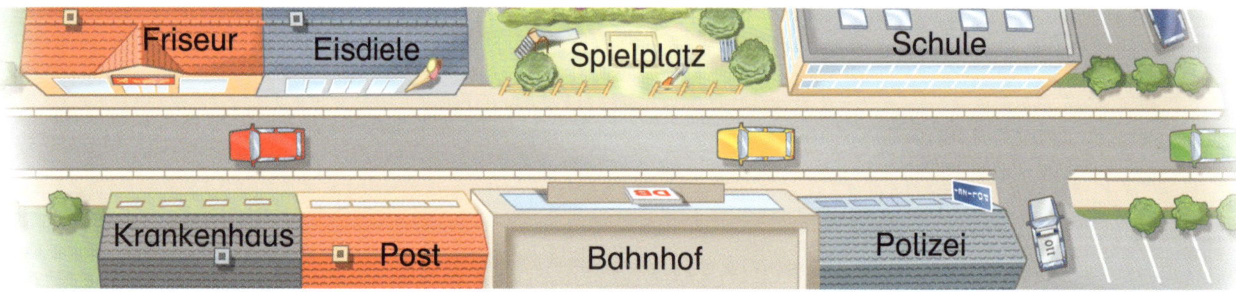

Dativ

die Haltestelle

der Bus

die Ampel

das Auto

der Helm

die Bahn

das Motorrad

der Lastwagen

der Fußgänger

der Zebrastreifen

Singular / Plural

Bild	Singular	Plural	Endung
	______	die ______	se
	______	die ______	en
	______	die ______	n
	______	die ______	n
	______	die ______	e
	______	die ______	s
	______	die ______	a → ä er
	______	die ______	=
	______	die ______	=
	______	die ______	=

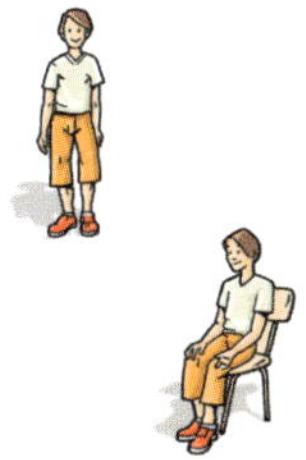

	stehen		sitzen	
	steht	stehe	sitzen	sitzt
	steht	stehen	sitzt	sitzt
	stehst	stehen	sitze	sitzen
ich	______		______	
du	______		______	
er, sie, es	______		______	
wir	______		______	
ihr	______		______	
sie	______		______	

auf

in

an

Bruno
☐ sitzt auf
☐ steht an
dem Stuhl.

Sofia
☐ steht auf
☐ sitzt in
dem Bus.

Bruno
☐ steht an
☐ steht auf
der Haltestelle.

Oma und Opa
☐ sitzen auf
☐ sitzen in
der Bahn.

Pippa
☐ sitzt auf
☐ steht an
dem Pferd.

Bruno
☐ steht an
☐ steht in
der Ampel.

Der Helm
☐ sitzt auf
☐ steht in
dem Kopf.

Bert und Bello
☐ stehen in
☐ stehen an
dem Auto.

Die Blume
☐ steht in
☐ steht auf
dem Schrank.

Die Puppe
☐ sitzt in
☐ steht an
dem Regal.

Der Baum
☐ steht in
☐ steht an
dem Haus.

Fatima
☐ sitzt auf
☐ steht in
dem Fahrrad.

Dativ

aus der wird dem
aus die wird der
aus das wird dem
aus die wird den

Wo ...?

Sonja sitzt auf dem Stuhl. Anton steht an der Ampel. Fatima sitzt auf dem Fahrrad. Benedikt sitzt in ______ Bahn. Helena steht an ______ Haltestelle. Leonardo sitzt in ______ Lastwagen. Lioba sitzt auf ______ Motorrad. Josef reitet auf ______ Pferd. Julia sitzt in ______ Auto. Hamit sitzt in ______ Bus. Kira steht an ______ Zebrastreifen. Manuel steht auf ______ Roller. Der Helm sitzt auf ______ Kopf. Zada steht an ______ Bus. Daniel sitzt auf ______ Schaukel. Svetlana sitzt auf ______ Bank. Der Teller steht auf ______ Tisch. Luka steht an ______ Tafel. Der Vogel sitzt auf ______ Baum. Ali schwimmt in ______ Wasser. Karl kocht in ______ Küche. Sie spielen in ______ Kinderzimmer. Wir rechnen in ______ Schule. Igor und Isabell sitzen auf ______ Sofa. Wir sitzen auf ______ Stühlen.

Dativ	
	aus der wird dem
	aus das wird dem

Wo ...?

kurz	
	in + dem → im
	an + dem → am

Lasse sitzt in dem ______ Lastwagen.	Lasse sitzt im ______ Lastwagen.
Annalena steht an dem ______ Auto.	Annalena steht am ______ Auto.
Benjamin sitzt in ______ Bus.	Benjamin sitzt ______ Bus.
Wicky sitzt in ______ Wohnzimmer.	Wicky sitzt ______ Wohnzimmer.
Sebastian steht an ______ Schrank.	Sebastian steht ______ Schrank.
Die Puppe sitzt in ______ Regal.	Die Puppe sitzt ______ Regal.
Wally schwimmt in ______ Wasser.	Wally schwimmt ______ Wasser.
Sie spielen in ______ Kinderzimmer.	Sie spielen ______ Kinderzimmer.
Corinna sitzt an ______ Computer.	Corinna sitzt ______ Computer.
Theodor sitzt an ______ Tisch.	Theodor sitzt ______ Tisch.
Das Pferd steht an ______ Baum.	Das Pferd steht ______ Baum.

Wo ...?

Oma steht am Auto.

Manuela

Bruno

Pippa

Berto

Dieter

Nadine

Der

Blanca mag Bücher. Sie	dem Bahnhof und der Polizei.
Mein Opa wohnt zwischen	sitzt im Bus und liest ein dickes Buch.
Elisabeth kauft ein Eis.	stehen auf dem Gehweg an der Ampel.
Die Ampel ist rot. Wir	Sie steht neben Ben in der Eisdiele.
Deine Mutter steht an der	Roller. Er fährt auf dem Gehweg.
Ricardo steht auf dem	Sie sitzen am Tisch in der Küche.
Ich mag den Spielplatz. Ich	Bushaltestelle. Du sitzt im Bus.
Till und Tina kochen Tee.	sitze mit Bello auf der Schaukel.

 Motorrad + Helm 

der 

 Polizei + Auto 

 See + Hund 

 Seil + Bahn 

 Schnee + Schuh 

 Bus + Haltestelle 

 Eis + Tee 

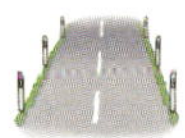 Straßen + Bahn 

 Winter + Jacke 

 Sommer + Kleid 

ich

mein Ball
mein Seil
meine Hose
meine Bälle

 mein Bus

du

dein Ball
dein Seil
deine Hose
deine Bälle

 dein Helm

er

sein Ball
sein Seil
seine Hose
seine Bälle

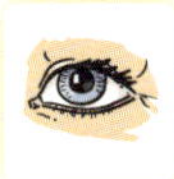

sie

ihr Ball
ihr Seil
ihre Hose
ihre Bälle

wir

unser Ball
unser Seil
unsere Bank
unsere Bälle

ihr

euer Ball
euer Seil
eure Bank
eure Bälle

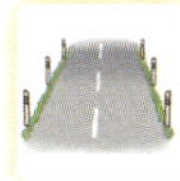

Possessivartikel

Wir fahren mit dem Auto.

Lisa steht an der Haltestelle.

Ich habe ein gelbes Fahrrad.

Ihr sitzt in der Straßenbahn.

Du wohnst neben der Schule.

Leo wohnt in der Seestraße.

Wir spielen mit dem Fußball.

Ich esse in der Pause ein Brot.

Mein Fahrrad fährt schnell.

Deine Schule heißt Hasenschule.

Unser Auto ist grün und schwarz.

Ihr Bus kommt um Viertel vor zwei.

Eure Straßenbahn fährt zur Post.

Mein Käsebrot schmeckt lecker.

Sein Haus ist neben der Eisdiele.

Unser Fußball ist grün und weiß.

Daria und Andy sind in der dritten Klasse. Am ______________ haben sie in der fünften und sechsten Stunde ______________. Daria und Andy mögen Sport. Daria hat am ersten Dezember Geburtstag. Das ist im ______________. Andy hat am dreißigsten ______________ Geburtstag. Das ist im Frühling. Andy mag den ______________. Im April ist das Wetter oft lustig. Am Morgen ist es ______________, dann kommt die Sonne, dann eine dicke Wolke und ______________ oder Schnee. Andy fährt immer mit dem ______________ in die Schule. Seine Haltestelle ist ______________ der Post. Daria fährt mit dem Fahrrad. Sie wohnt neben dem ______________. Andy hat einen Hund. ______________ Hund heißt Lotta. Daria mag Lotta. Am Nachmittag kaufen sie in der Eisdiele ein ______________. Das Eis schmeckt ______________.

Bus Zitroneneis Spielplatz Frühling nebelig Dienstag

lecker Regen gegenüber Sport Sein April Winter

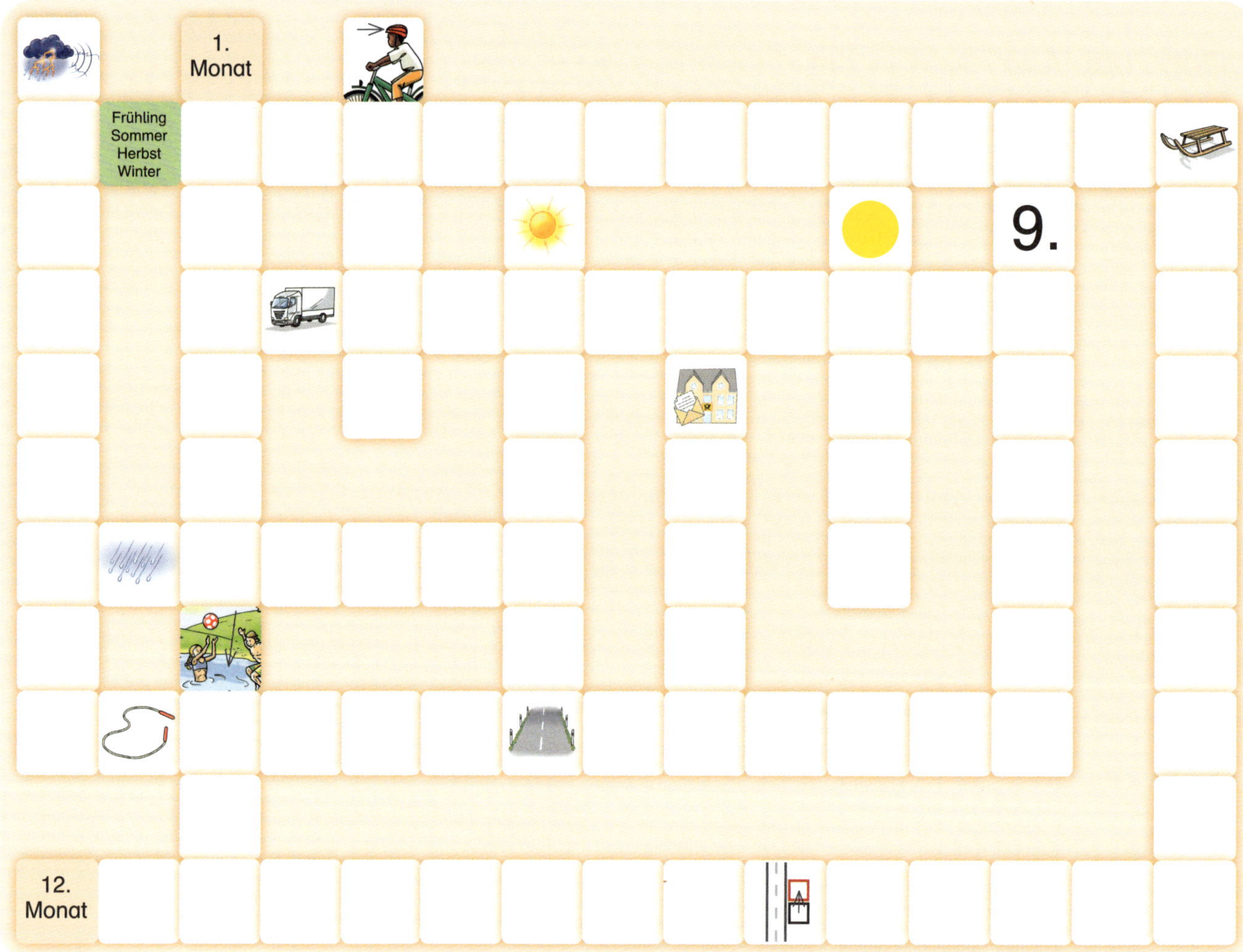
1.
Monat
Frühling
Sommer
Herbst
Winter
9.
12.
Monat

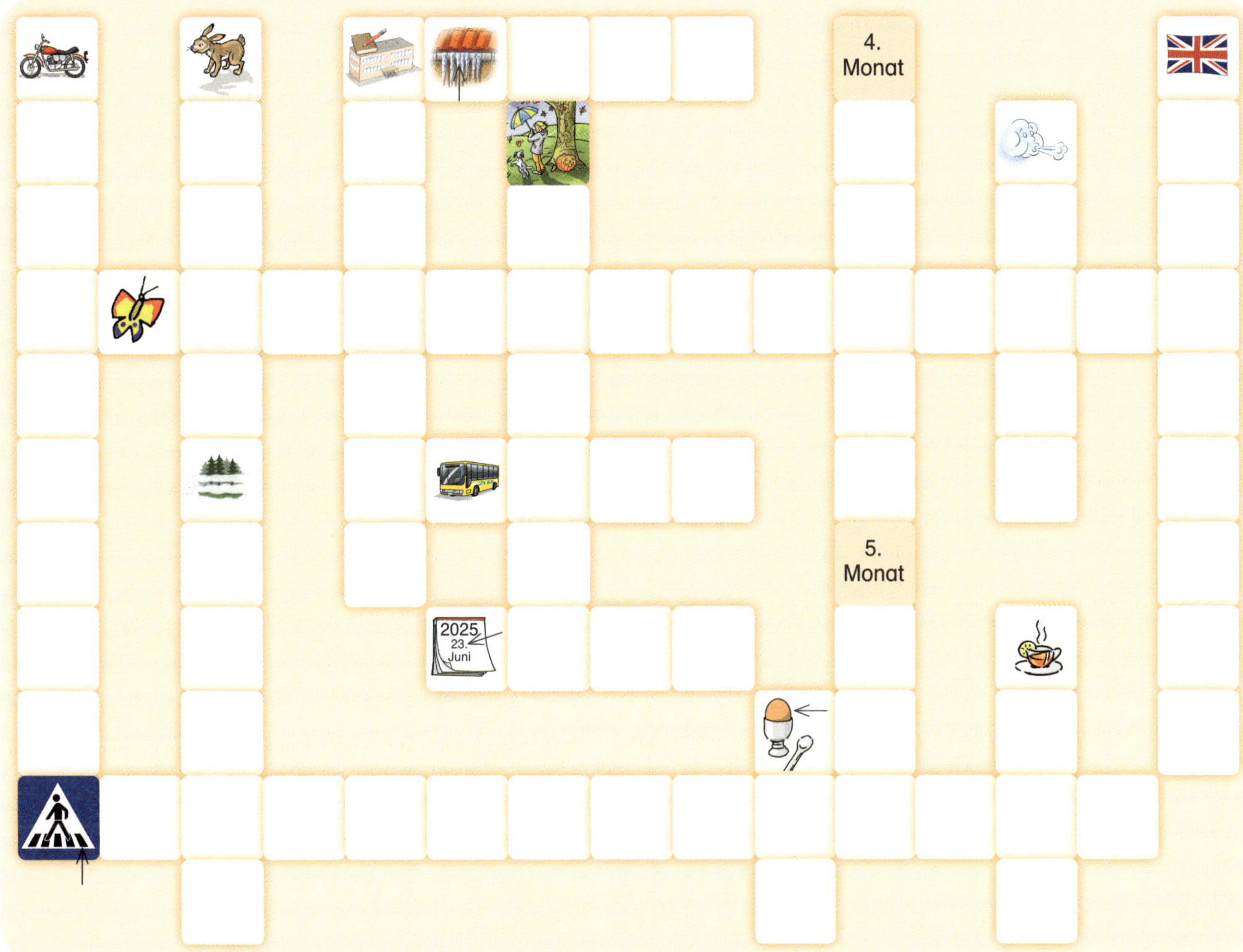
4.
Monat
5.
Monat
2025
23.
Juni

Wörterliste

Stundenplan

Mathe

Deutsch

Englisch

Sport

Kunst

Musik

Sach-
unterricht

Religion

Pause

Kalender

der Tag,
die Tage

der Monat,
die Monate

das Jahr,
die Jahre

1. der Januar
2. der Februar
3. der März
4. der April
5. der Mai
6. der Juni
7. der Juli
8. der August
9. der September
10. der Oktober
11. der November
12. der Dezember

Jahreszeiten

der Frühling,
die Frühlinge

der Sommer,
die Sommer

der Herbst,
die Herbste

der Winter,
die Winter

der Schlitten,
die Schlitten

der See,
die Seen

der Schmetterling,
die Schmetterlinge

der Hase,
die Hasen

Frühling
Sommer
Herbst
Winter

die Jahreszeit,
die Jahreszeiten

das Blatt,
die Blätter

Wetter

der Regen

der Blitz,
die Blitze

der Donner,
die Donner

der Nebel,
die Nebel

der Wind,
die Winde

der Schnee

die Sonne,
die Sonnen

die Wolke,
die Wolken

das Eis

das Gewitter,
die Gewitter

Stadt

der Bahnhof,
die Bahnhöfe

der Friseur,
die Friseure

der Spielplatz,
die Spielplätze

der Gehweg,
die Gehwege

die Schule,
die Schulen

die Post

die Straße,
die Straßen

die Polizei

die Eisdiele,
die Eisdielen

das Krankenhaus,
die Krankenhäuser

Verkehr

der Bus,
die Busse

der Lastwagen,
die Lastwagen

der Helm,
die Helme

der Fußgänger,
die Fußgänger

der Zebrastreifen,
die Zebrastreifen

die Ampel,
die Ampeln

die Haltestelle,
die Haltestellen

die Bahn,
die Bahnen

das Motorrad,
die Motorräder

das Auto,
die Autos

Ordinalzahlen

1. erste
2. zweite
3. dritte
4. vierte
5. fünfte
6. sechste
7. siebte
8. achte
9. neunte
10. zehnte
11. elfte
12. zwölfte

⋮

20. zwanzigste
21. einundzwanzigste
22. zweiundzwanzigste

⋮

Verben

rechnen
stehen
sitzen
blitzen
regnen
schneien
gewittern
donnern

Adjektive

eisig
sonnig
wolkig
windig
nebelig

Präpositionen

auf
an
in
neben
zwischen
gegenüber

Possessivartikel

unser
euer

Bestimmte Artikel

Der, die, das sind Artikel. Fast alle Nomen haben einen Artikel. Die Zuordnung der Artikel ist nicht regelhaft. Lerne deshalb die Artikel mit den Nomen mit. Die Farben können dir dabei helfen.

Plural

Es gibt verschiedene Pluralformen. Der Artikel ist immer die. Meist wird eine Endung ergänzt (die Birne – die Birnen). Manchmal ändert sich auch der Vokal (das Dach – die Dächer). Einige Wörter bleiben unverändert (der Stiefel – die Stiefel).

Zusammengesetzte Nomen

Der Artikel des zweiten Nomens bestimmt den Artikel des gesamten Wortes: das Eis + der Tee → der Eistee. Manchmal werden einzelne Buchstaben als Fugenelement benötigt: Sonne + Blume → Sonnenblume.

Verben

Verben verändern sich, wenn unterschiedliche Pronomen (Fürwörter) vorausgehen. Verben können sich regelhaft oder unregelhaft verändern. Unregelmäßige Verben im Präsens sind durch einen lila Rahmen gekennzeichnet.

ich	koche
du	kochst
er, sie, es	kocht
wir	kochen
ihr	kocht
sie	kochen

ich	lese
du	liest
er, sie, es	liest
wir	lesen
ihr	lest
sie	lesen

Grammatik